AF268161

L m 33

EXAMEN

de l'article

DU NOBILIAIRE DE BRETAGNE

DE M. DE COURCY,

concernant

LA MAISON

DU PLESSIS-MAURON DE GRENÉDAN.

BIBLIOTHÈQUE IMPÉRIALE

ACQUISITION N.º 43957

En arrivant ici, il y a quelques jours, après une absence de trois mois, je fis prendre, au bureau du *Journal de Rennes*, l'exemplaire de l'ouvrage de M. de Courcy pour lequel j'avais souscrit, et que l'on m'avait averti être déposé là. J'y lus, à l'article concernant la maison à laquelle j'appartiens :

« Plessis (du) ou Plessix (du), seigneur dudit lieu, pa-
» roisse de Mauron, — marquis de Grenédan en 1747, —
» seigneur du Bouessay, — des Fresches, — de la Ville-
» thual, — de Launay, — de la Riaie, — de Bodégat, —
» de Lestiala.

» Ancienne extraction ; chevalerie ; Réformation de
» 1668 ; 6 générations ; Réformations de 1426, 1441,
» 1513 ; paroisse de Mauron, évêché de Saint-Malo.

» D'argent à la bande dé gueules, chargée de trois mâ-
» cles d'or, accostée en chef d'un lion de gueules, armé,
» lampassé et couronné d'or.

» Un abbé de Paimpont en 1500 ; cinq conseillers et
» trois présidents au Parlement depuis 1604.

» La branche aînée fondue en 1592 dans la maison de
» Brehan, en faveur de laquelle la terre du Plessis a été
» érigée en baronnie l'an 1655, et en vicomté l'an 1658,
» sous le nom du Plessis-Mauron. Elle a passé depuis aux
» d'Andigné.

» On trouve Guillaume du Plessis au nombre des ban-
» nerets qui firent le siége du Mont-Saint-Michel en 1204,
» et qui combattirent à Bouvines en 1214, et Geoffroi,
» croisé en 1248 ; mais nous ne savons à laquelle des fa-
» milles du Plessis ils appartenaient. »

Afin que cet examen soit complet, je suivrai l'auteur
pas à pas, et

1° Je ne conçois pas une seule variante à un nom qui,
comme presque tous les autres, s'est écrit dans les anciens titres, dans les manuscrits de la Réformation, dans
les différentes histoires de Bretagne et dans beaucoup
d'actes de nos jours, de toutes les manières dont il pouvait s'écrire sans en changer notablement la prononcia-
tion ; je la conçois encore moins appliquée à une seule
des maisons de même nom. Evidemment, il fallait ou
donner toutes les variantes ou n'en donner aucune, et
procéder uniformément.

2° M. de Courcy ne mentionne pas, à propos de nous,
le nom composé *du Plessis-Mauron*. Cependant il y avait
là véritablement un but d'utilité, puisqu'on rencontre
notre ancienne seigneurie et notre maison ainsi dési-
gnées dans d'anciens titres, dans plusieurs manuscrits

de la Réformation et dans l'histoire de Bretagne. (Et les manuscrits de la Réformation où ces deux noms sont liés n'ont fait que reproduire, en cela, ce qui se trouve dans notre arrêt). M. de Courcy ramène ainsi la confusion là où on avait voulu établir la clarté.

3° Nulle mention de la vicomté de Grenédan, bien que soient nommés tout au long, dans la Réformation de 1668, *Sébastien du Plessis, vicomte de Grenédan, René du Plessis, vicomte de Grenédan,* et *Jean-Baptiste du Plessis, vicomte de Grenédan,* et que les lettres d'union des terres et seigneuries d'Illifaut, en droit de haute, moyenne et basse justices, à *la vicomté de Grenédan,* et relatant que *ladite terre de Grenédan avait été érigée en vicomté* dès l'an 1577, aient été vérifiées et enregistrées suivant arrêt du 30 décembre 1657. (33ᵉ livre des Mandements de la Chambre des Comptes de Bretagne, nombre ijᶜ iiijˣˣ ix).

4° Les lettres-patentes d'érection des terres et seigneuries de Grenédan, la Riaie et Bodegat, en marquisat, sous le nom de Grenédan, n'étaient point encore enregistrées en 1780.

5° Ce n'est point *le Bouessay,* mais *le Broussay,* et M. de Courcy a omis les noms de fiefs *Quilsac, la Moltais* et *le Mottay,* qui se trouvent dans la Réformation de 1668.

6° M. de Courcy ne nous donne que six générations, tandis qu'il s'en trouve sept dans la Réformation précitée. Je l'en avais prévenu en souscrivant à son ouvrage. Notre arrêt remonte, par une filiation non interrompue, à Jehan qui figure dans la Réformation de 1426. Si, ne trouvant pas ce degré dans ses manuscrits, il m'en avait demandé la preuve , je la lui aurais bien volontiers fournie.

7° Pierre du Plessis fut élu abbé de Paimpont en 1501 et non en 1500.

8° C'est le 12 avril 1570 que François du Plessis fut reçu conseiller au Parlement, et non en 1604. (Liste de nosseigneurs du Parlement de Bretagne, depuis son érection en 1554 jusqu'en 1754, imprimée par ordre du Parlement. Rennes, Guillaume-François Vatar, 1754.)

9° C'est le 27 mai 1572 que Jeanne du Plessis épousa Jean de Brehant et non en 1592.

10° C'est en s'exprimant ainsi que M. de Courcy fait paraître, pour la première fois, le nom composé *du Plessis-Mauron* : « La terre *du Plessis* a été érigée en » baronnie en 1658, sous le nom *du Plessis-Mauron.* » De sorte que ce nom aurait été créé, à l'occasion de l'érection en dignité de cette seigneurie, en faveur de nos descendants par les femmes. Et cependant, si M. de Courcy, comme on n'en peut douter, a pris dans l'histoire que notre maison avait fourni un abbé de Paimpont, il ne l'a su que par ces mots : *Pierre du Plessis, de la maison du Plessis-Mauron.* (D. Morice, Catalogue historique des évêques et abbés de Bretagne, p. cxxxiv); autrement il nous eût aussi accordé Geoffroy du Plessis, abbé de Paimpont, qui figure dans notre généalogie. D'ailleurs, comme on l'aura remarqué plus haut, M. de Courcy a pu voir ces deux noms réunis autre part avant l'érection en baronnie. J'ignore sous quel nom cette érection a eu lieu en faveur de la maison de Brehant; je n'ai vu dans beaucoup d'endroits que celui de *Mauron*; je ne retrouve encore que lui dans la *Table des mandements de la Chambre des Comptes de Bretagne*, et dans Waroquier de Combles ; mais s'il y a quelque chose de certain au monde, ainsi qu'on en a pu juger, c'est que la seigneurie dont nous portions le nom s'appelait auparavant *le Plessis-Mauron* ; à tel titre, je le dirai surabondamment, que l'on trouve encore dans Waroquier de Combles : « Mauron,.... érigé en baronnie.... en faveur de » Jean de Brehan, seigneur de Galinée et du *Plessis-* » *Mauron.* » S'il était seigneur du *Plessis-Mauron* avant l'érection, cette seigneurie portait donc déjà ce nom.

11° Il n'est pas probable que la seigneurie du Plessis-Mauron soit *passée* aux d'Andigné, ayant été portée dans la maison de Richelieu par le mariage de Louise-Félicité de Brehant, héritière unique du comte de Plélo, ambassadeur en Danemarck, avec Emmanuel-Armand du Plessis-Richelieu, mariage qui eut lieu le 4 février 1740. Il est à croire que les d'Andigné ont acquis cette seigneurie.

12° C'est une tradition, dans notre maison, que Guillaume du Plessis, chevalier banneret, en est le premier auteur connu, et il se trouve en tête des généalogies et mémoires de famille que nous ont laissés nos ancêtres. Pour moi, loin de rejeter les traditions qui me viennent de mes auteurs, je les recevrai toujours avec confiance et respect et les reproduirai de même. Ce que mes ancêtres m'ont légué comme certain, l'est autant, pour moi, que s'il était appuyé de titres authentiques. Me condamne qui l'osera ! Si M. de Courcy, rencontrant une affirmation de notre part, m'eût demandé sur quoi elle était fondée, il nous eût traités comme plusieurs autres quant à cette tradition, et eût peut-être reconnu que le croisé nous appartenait, après que je lui aurais eu exposé ce qui suit.

13° On ne peut nier que ceux qui partirent pour un

voyage aussi long que celui de la Terre-Sainte, et pour une expédition aussi hasardeuse, ne se soient accostés préférablement de leurs amis, de leurs connaissances. Or, qui connaît-on si ce ne sont ses voisins, et avec qui des rapports fréquents et de jeunesse pouvaient-ils lier davantage dans ces temps où la noblesse n'habitait que ses manoirs? Donc, si un titre de croisade présente deux noms que l'on retrouve dans le même canton et à peu de distance, aucun doute, quand ces noms seraient communs à beaucoup d'autres familles, qu'ils n'appartiennent à celles placées dans ces conditions. Et c'est précisément ce qui arrive pour les familles du Plessis de Mauron et du Châtellier d'Éréac, le titre de croisade donnant Geoffroy du Plessis et Guillaume du Châtellier, et une famille du Châtellier habitant encore, en 1426, le Châtellier sur les confins de Lanrelas et d'Éréac, et les du Plessis, le Plessis près de la petite ville de Mauron, deux endroits distants l'un de l'autre seulement de cinq lieues, tandis qu'il en faut faire huit et demie du Châtellier à Cintré, paroisse où existait aussi à ce qu'il paraît, en 1427, une famille du Plessis, et que pour les autres de même nom, il les faut aller chercher, la plus proche, à quatorze lieues, et la plus éloignée, à quarante-deux de ce même lieu. Que si, par impossible, on pouvait avoir encore quelques doutes, à quatre lieues et demie de l'un et à trois de l'autre, à Quédillac, se montrerait Macé de Quédillac pour réclamer ses compagnons. Je ne crois pas qu'il soit besoin de dire qu'il n'a jamais existé qu'une famille de ce nom, habitant à Quédillac, et qui était éteinte bien avant la Réformation de 1668. — J'ajouterai surabondamment, que *Denis du Plessis*, que nos mémoires de famille donnent comme frère de Jehan Ier qui, en

1335, épousa Raoulette de Montfort, et de Geoffroy, abbé de Paimpont, est encore compagnon d'un *Quédillac*, lorsque Philippe de Valois les fit arrêter et livrer au dernier supplice avec douze autres seigneurs bretons, et que ce pays, depuis *Lanrelas* et *Quédillac* jusqu'à *Mauron* (1), est tellement le nôtre, que Jehan 1er épousa, comme on vient de le voir, Raoulette de Montfort, fille de Raoul, sire de Montfort et de *Gaël* (2) ; que Jehan III fut enterré avant 1481, dans l'église paroissiale du *Loscouët* (3) ; qu'il avait épousé Bertranne de Bostang, fille de Jehan, seigneur de Bostang, et de Raoulette de *Plumaugat* (4) ; que Guillemette, une de ses filles, fut mariée à François Morice, seigneur *du Bois-Basset* (5) ; que son fils Mathurin épousa, en septembre 1494, Jeanne Josse, fille de Gilles, seigneur de la Boullaye, en *Merdrignac* (6), et petite-fille de Jean Josse et de Jeanne d'*Illifaut* (7) ; que Jeanne, fille de Mathurin, fut mariée à Jean, seigneur de Garnédan, en *Illifaut* (7) ; que Pierre, petit-fils du même Mathurin, épousa une autre Jeanne

---

(1) *Laurelas*, à quatre lieues un huitième de *Mauron*, à deux lieues cinq huitièmes de *Quédillac*, et *Quédillac* à quatre lieues cinq huitièmes de *Mauron*, suivant la carte d'Ogée. (Il ne faut pas perdre de vue, pour toutes les notes qui vont suivre, que le *Châtellier* est sur les confins de *Lanrelas* et d'*Éréac*, à environ cinq lieues de *Mauron*, et que les du Châtellier étaient seigneurs de *Lanrelas*, où ils possédaient la terre de Branxian.

(2) *Gaël*, sur la route de *Mauron* à *Quédillac*, à environ deux lieues du premier endroit.

(3) *Le Loscouët*, un peu plus de moitié chemin de *Manron* à *Lanrelas*.

(4) *Plumaugat*, paroisse touchant *Lanrelas* et *Quédillac*.

(5) *Le Bois-Basset*, moitié chemin entre *Mauron* et *Quédillac*.

(6) *Merdrignac*, paroisse à environ deux lieues de *Lanrelas* et quatre de *Mauron*.

(7) *Illifaut*, paroisse sur la route de *Mauron* à *Lanrelas*, à enviro trois lieues de ce dernier endroit.

Josse, sa parente, laquelle, étant restée veuve, fonda, à perpétuité, une messe dans l'abbaye de *Saint-Méen* (1), et donna, pour cette messe, la métairie de la Fondrillais en la paroisse de *Bois-Gervilly* (2) ; que François, frère du précédent, acquit la seigneurie de Grenédan près *Illifaut* (3), par contrat d'échange, du 27 octobre 1580 ; céda pour ladite seigneurie plusieurs dîmes se levant dans les paroisses de *Plumaugat* (4), de *Saint-Joüan* (5) et de *Montauban* (6), et un bois taillis de cent journaux ; reçut en partage de son neveu Charles, seigneur du Plessis de Mauron, 1,600 écus et le fief et bailliage du Bois-Clairet, s'étendant dans les paroisses de *Gaël* et du *Loscouët* (7), à la charge de tenir ledit fief du manoir du Plessis, comme juveigneur d'aîné, et épousa, en premières noces, Françoise de Mesléart, dame de *la Touche, en Lanrelas* (8) etc. (9). — Que si l'on voulait encore savoir si un titre de croisade pouvait aller à notre maison, nous trouvons Jehan du Plessis, qui passa à la Réformation de 1426, comparaissant aux montres des nobles de la paroisse de Mauron, *complètement monté en archer, en brigandine et avec lui un page.* (10)

---

(1) *Saint-Méen*, paroisse et abbaye aux deux tiers de la route de *Mauron* à *Quédillac.*

(2) *Bois-Gervilly*, paroisse à environ deux lieues à l'est-quart-sud de *Saint-Méen.*

(3) Voir note 7, p. 7.

(4) Voir note 4, *id.*

(5) *Saint-Joüan*, bourg joignant presque celui de *Quédillac*, et paroisse confinant avec *Plumaugat.*

(6) *Montauban*, petite ville à environ deux lieues et demie au nordest de *Saint-Méen*, et deux lieues au sud-est de *Quédillac.*

(7) Voir notes 2 et 3, p. 7.

(8) Voir note 1, *id.*

(9) Tout ce qui précède est tiré de nos titres, de nos preuves de cour, et presque en entier de notre arrêt de Réformation.

(10) Extrait de la Chambre des Comptes ; arrêt de Réformation.

Nous trouvons encore un grand nombre d'aveux de ses vassaux en la même forme que celui que rendit, le 7 juin 1437, Pierre de Becmeur, *de 20 sols de rente à l'obéissance qu'il tenait à foi et rachapt, au village de la Tousche, en Mauron, de Monseigneur Jehan du Plessis, chevalier* (1); Bertranne de Bostang, sa veuve, qualifiée, dans une transaction avec Philippe de Montauban, de *noble et puissante dame* (2); Olivier du Plessis, surnommé *le prodigue, bon et preux chevalier,* capitaine de cent hommes d'armes, tué à la bataille de Saint-Aubin-du-Cormier, le 28 juillet 1488 (3); un procès-verbal rapporté par les notaires de l'officialité, le 3 juillet 1496, sur le réquisitoire de Mathurin du Plessis et du général de la paroisse de Mauron, où on lit *que le seigneur du Plessis avait, dans l'église de Mauron, deux tombeaux prohibitifs à la maison du Plessis, sur chacun desquels était la représentation en bosse d'un chevalier armé, tenant son écu chargé de ses armes ; que, d'après la tradition unanime, lesdites représentations étaient des ancêtres du seigneur du Plessis, de sorte que de mémoire d'homme n'étoit contraire, et qu'il y avoit, au chœur de ladite église, une représentation armoïée des armes de la maison du Plessis, à la représentation d'un chevalier qui étoit l'ayeul dudit seigneur du Plessis* (4); un traité de Mathurin du Plessis avec Jean Josse, seigneur de la Boullaye, son beau-frère, en date du 2 janvier 1499, par lequel on voit *que Jeanne Josse avait été avantagée, lors*

---

(1) Titres de la maison. La presque totalité en a été produite devant Chérin pour l'admission aux honneurs de la cour.

(2) *Ibid.*

(3) *Ibid.*

(4) *Ibid.*

de son mariage avec le seigneur du Plessis, A CAUSE DE L'ALLIANCE DE LA MAISON DU PLESSIS, QUI ÉTAIT UNE DES NOBLES ET ANCIENNES DU TERRITOIRE, BIEN DÉCO-RÉE, ET D'OU SONT ISSUS PLUSIEURS CHEVALIERS ET ÉCUYERS DE RENOM (1); François II, capitaine de cent hommes d'armes, commandant pour le roi dans la ville de Brest, tué à un combat qui se livra près de cette ville, en 1591, et Charles, son frère puîné, sénéchal de Ploërmel (2); sous le rapport des alliances, Jehan Ier, épousant en 1335 Raoulette de Montfort, fille de Raoul, sire de Montfort et de Gaël, et d'Aliénor d'Ancenis (3); sa fille, mariée à N. de Carné (4); Jehan II, épousant Jehanne de Saint-Gilles (5); Jeanne, mariée à Jean de Brehant (6); Françoise, à Jean de Trécesson (7); Flavie, à N. de Kyoulas; Agathe, sa sœur, à Joseph-Victor du Breil de Pontbriand, en 1769, et leur frère Charles-Augustin-François, épousant, en 1762, Louise-Gabrielle de Maillé.

Il me semble que la dernière certitude morale résulte de tout ce qui précède. Maintenant, si, dans les documents généalogiques que je possède, je trouve *Geoffroy du Plessis*, vivant en 1240, petit-fils de Guillaume Ier, chevalier-banneret, père de Guillaume II, vivant en 1280, et grand-père de Geoffroy, abbé de Paimpont en 1342, je ne pense pas qu'en disant qu'il était le même que

---

(1) *Ibid.*
(2) *Ibidi*
(3) *Ibid.*
(4) *Ibid.*
(5) *Ibid.*
(6) Arrêt de réformation.
(7) *Ibid.*

Geoffroy du Plessis, compagnon de *Guillaume du Châtellier* et de *Macé de Quédillac*, j'aie mérité le reproche
*d'avoir profité de ce que les morts ne pouvaient s'inscrire
en faux contre moi.* Mais cette question ne saurait être
posée, et le public prononcera sur celle de savoir si je
me suis fait illusion.

Mais, dira peut-être M. de Courcy, il peut se faire,
malgré toutes ces preuves morales, que le croisé appartînt à une autre maison. A quoi je répondrai qu'il pourrait se faire aussi qu'un croisé, portant le même nom et
les mêmes armes qu'une famille existante et bien cer-
tainement d'ancienne extraction, ne lui appartînt nulle-
ment; car il pourrait y avoir eu usurpation du nom et
des armes. On conviendra qu'il n'y aurait alors rien de
certain.

Je dirai, avant de quitter ce sujet, que la loi de la
proximité, pour le genre d'association dont on vient de
parler, étant donnée par la nature de l'homme, et n'étant
qu'une conséquence de celle qui l'a destiné à vivre en
société, je n'hésiterais pas à regarder comme faux tous
les titres du Cabinet Courtois, si elle s'y trouvait ordi-
nairement transgressée, si ces titres réunissaient vio-
lemment ce que la nature a séparé. — C'est un moyen
de vérification qui en vaut bien un autre, et que je n'ai
point encore vu employé par les critiques qui se sont
occupés de l'authenticité de ces titres. — Pourquoi ces
associations de chevaliers Bretons, pour le passage de
l'île de Chypre en Egypte, sont-elles invariablement
carrées? C'est une question que ce n'est point ici le
lieu de traiter.

Cet examen ne serait pas complet, si je ne faisais
maintenant connaître, afin qu'on en rapproche l'article

de M. de Courcy, *que*, dans une note communiquée aux éditeurs du nouveau Dictionnaire d'Ogée, et que ceux-ci ont bien voulu insérer dans cet ouvrage à l'article Mauron, *le nom* du Plessis-Mauron *était donné à notre ancienne seigneurie et à la maison à laquelle j'appartiens*, et *qu'il y était encore dit que cette seigneurie avait été possédée dès 1190 par Guillaume du Plessis, chevalier-banneret; que son petit-fils avait été Geoffroy du Plessis, chevalier croisé, et que ces chevaliers étaient mes ancêtres;* si je n'ajoutais que, quand il serait possible de supposer que M. de Courcy n'a pas eu connaissance de cette note communiquée, la reproduction, dans son article, d'une erreur de date qui ne se trouve que là (1592 au lieu de 1572) prouverait clairement le contraire ; si je ne rappelais que M. de Courcy savait parfaitement que le nom composé *du Plessis-Mauron* nous appartenait tout aussi bien que le nom simple *du Plessis;* qu'il n'a pu ignorer l'existence de la *vicomté de Grenédan;* que je lui avais écrit moi-même, en souscrivant à son ouvrage, « que notre arrêt de Réformation remontait, par une filia- » tion non interrompue, à Jehan, passé à la Réformation » de 1426 » (ce qui donne 7 générations au lieu de 6); si je ne faisais encore observer que M. de Courcy, probablement à cause de la proximité de la terre *du Châtellier, de Quédillac* et *de Mauron,* a attribué le croisé Guillaume du Châtellier, qui figure dans notre titre, aux du Châtellier d'Eréac plutôt qu'aux du Châtellier de la Préauté; aussi d'ancienne extraction; si je ne constatais enfin que M. de Courcy donne son ouvrage, on peut dire, comme le dernier mot de la science sur ce qui en fait l'objet, bien plus, comme une réformation équitable et nécessaire.

Je m'arrête. — Je ne tirerai pas les conséquences de ce qui précède. — Je n'ai dû m'occuper aussi, dans ce moment, que de ce qui nous concernait ; je l'ai fait, du moins le crois-je, avec modération. — Il ne me convenait pas de signaler certaine omission.—Le public suppléera à ce qui manque.

Rennes, le 17 septembre 1846.

Le Cte H^{rn} DU PLESSIS DE GRENEDAN.

BIBLIOTHÈQUE IMPÉRIALE

www.ingramcontent.com/pod-product-compliance
Lightning Source LLC
Chambersburg PA
CBHW061218050726
47594CB00008B/3700